Birner, Oberpfälzer Klöster mit dem Rad entdecken

Stangl + Taubald

Impressum
Arlan Birner, Oberpfälzer Klöster mit dem Rad entdecken
Illustrationen: Konrad Birner
1. Auflage 1994
© 1994 by Verlag der Buchhandlung Stangl + Taubald
Sedanstr. 6, 92637 Weiden
Alle Rechte vorbehalten
ISBN 3-924783-15-2

Inhalt

1. Vorwort 5
2. Einleitung 6
3. Tips für Neueinsteiger 8
4. Kartenübersicht 10
5. Tourenübersicht 15
6. Tourenvorschläge 16
7. Grafik 17
8. Zeichenerklärung 19
9. Beschreibung der einzelnen Touren

Tour Nr. 1 20

Tour Nr. 2 28

Tour Nr. 3 36

Tour Nr. 4 42

Tour Nr. 5 48

Tour Nr. 6 54

Tour Nr. 7 60

Tour Nr. 8 66

1. Vorwort

Nach den beiden erfolgreichen Radwanderführern „Oberpfälzer Burgen mit dem Rad entdecken" und „Die schönsten Radtouren in der Oberpfalz" ist dies nun der letzte Band der Radtrilogie.

Des öfteren wurde ich in letzter Zeit von Radfahrern gefragt, ob demnächst ein neues Buch erscheinen würde.

Die Antwort auf diese Frage hielt ich aus verschiedenen Gründen offen. Ich wußte, daß durch die rege Nachfrage nach den beiden bisher erschienenen Radführern ein gewisser Zugzwang entstand und manche Radler dachten an die Abrundung der Reihe. Ich muß ehrlich zugestehen, meine Motivation war immer darauf ausgelegt, eine gelungene Einheit zu schaffen.

Das Thema dieses Buches sind die oberpfälzer Klosterbauten. Im Stiftland, dem nördlichsten Teil der Oberpfalz angefangen, über das Regental, bis hin zur Donau, überall trifft man auf ehrwürdige und einzigartige Klosteranlagen. Alle diese Klöster, in ihrem Baustil sehr unterschiedlich, haben eines gemeinsam: Sie sind Zeugnis tiefer Frömmigkeit der Menschen in der Oberpfalz.

So hoffe ich, daß die Verbindung der sportlichen Leistung mit einer Prise Kultur bei dir, lieber Radler, Zustimmung findet. Ich bin der Meinung, ein Land mit dem Fahrrad kennenzulernen, heißt auch, die vorhandenen Sehenswürdigkeiten, Baudenkmäler und das bestehende Kulturgut in seine Radausflüge einzugliedern.

Durch das Zusammenwirken von körperlicher und geistiger Vitalität wird jede Tour zur erlebnisreichen und interessanten Freizeitgestaltung.

2. Einleitung

Wenn du mein kleines Büchlein in den Händen hältst, wirst du sofort feststellen, daß das Grundkonzept des Inhalts im Vergleich zu den beiden vorausgegangenen Radwanderführern nicht geändert wurde.

Dieses dritte Buch ist eine Abrundung des Ganzen und stellt dem Radfahrer neue Landschaften und Sehenswürdigkeiten unserer Oberpfalz vor. Die nun komplette Trilogie zeigt uns die Oberpfalz aus verschiedenen Blickwinkeln. Burgen, Klöster und einzigartige Landschaften können wir bei unseren Radausflügen kennenlernen.

Viele Kilometer, manchmal harte, mühevolle Radlerarbeit, führen uns in abgeschiedene Gegenden, wo uns kaum ein Auto begegnet. Eine wohltuende Ruhe begleitet uns auf vielen Straßen und Wegen durch die Oberpfalz. Wenn auch in der letzten Zeit - insbesondere seit der Grenzöffnung zum Osten - bei uns der Straßenverkehr enorm zugenommen hat, so können wir uns trotzdem in einem Radlerparadies bewegen, das jedem Radenthusiasten das Herz höher schlagen läßt.

Zum Schluß noch einige Anmerkungen.

Aus vielen Gesprächen mit Radfreunden und manchen Vorschlägen meiner Leser habe ich zwei wichtige Aspekte in dieses Buch aufgenommen: Zum einen wurden die Radwanderungen gekürzt. „Es sollten doch weniger Kilometer abgefahren werden," so lautete der Wunsch vieler, um vor allem die Kinder nicht zu überfordern. Ich habe also bewußt einige Tourenstrecken verkürzt. Jung und Alt sollen gleichviel Spaß und Vergnügen haben.

Zum anderen habe ich wiederum auf die Angabe der Fahrzeiten verzichtet. Man kann so das Tempo selbst bestimmen und jede vorgeschlagene Radtour zum Tagesausflug ausdehnen.

Ausführliche kunst- und kulturhistorische Erläuterungen

würden den Rahmen dieses Radwanderführers sprengen. Daher beinhalten alle Beschreibungen der Klöster nur eine kurze Zusammenfassung der geschichtlichen und baulichen Entwicklung.

Möchtest du, lieber Radler, eingehende Informationen über die Bauwerke erhalten, geben dir die aufliegenden Kirchenführer beste Auskünfte.

Ich wünsche allen Lesern und Radwanderern viel Spaß, eine unfallfreie Fahrt und viel Ausdauer und Erfolg bei den Radunternehmungen.

Ruine Weißenstein am Pfahl

3. Tips für Neueinsteiger

Fast fällt es mir schwer, von Neueinsteigern zu sprechen, man ist geneigt zu sagen, es fährt doch heute jeder Rad!

Richtig - viele Leistungs-, Hobby- und Freizeitsportler haben den Radsport entdeckt und gestalten damit eine gesundheitsfördernde Freizeitbeschäftigung. Für den Fall, daß du dich als „Neuling" vom Radsportfieber anstecken läßt, möchte ich dir einige Tips und Erkenntnisse aus meiner langjährigen Erfahrung geben.

a) *Materialwahl*

Stelle dir genau die Frage: Welcher Radtyp bin ich: Mountainbiker, Radrennsportler oder Freizeitradler? Hast du dich klassifiziert, wähle dann auch das entsprechende Rad aus. MTB oder ATB, Rennmaschine oder Trekkingrad erfordern bestimmte Einsatzbereiche.

Als Einsteiger wirst Du sicher mit einem Trekkingrad gut beraten sein. Bekleidung ist nicht notwendiges Outfit, vielmehr erfüllt die Radsportkleidung bestimmte Zwecke. Das Radfahren beginnt im (beim) Kopf. Fahre nie ohne Helm. Ein guter Helm ist auch für den Hobbyradler eine unerläßliche Sicherheitsvorkehrung.

Schuhe? Ja, aber bitte gute Joggingschuhe, besser sind spezielle Radschuhe. Regenbekleidung und Handschuhe sind ebenfalls vernünftige Radutensilien, denn selbst bei einem starken Gewitterregen bleibt man unter einer guten Regenjacke trocken.

b) *sportliche Leistung*

Aller Anfang ist schwer. Beginne klein und mit Geduld. Fahre keine großen Gänge und überlange Touren. Taste dich langsam an eine gute Ausdauerleistung heran. Radler sind Sportler, die viel Zeit in ihr Hobby investieren. Merke dir den Ratschlag: Nicht die Strecke macht den Radler kaputt, sondern das Tempo.

Also fahren wir zu Beginn ruhig locker und gemütlich, die Geschwindigkeit kommt mit der Vielzahl der Kilometer von alleine.

c)   *Ernährung und Gesundheit*

Radler sind Ausdauersportler.- Diese Tatsache erfordert spezielle Ernährung. Kohlehydratreiche Kost unterstützt die Leistung. Verzichte auf Fette und Alkohol. Vergiß nicht die notwendige Flüssigkeit bei jeder Radtour. Isotonische Getränke geben dem Körper schnell die notwendigen Mineralien zurück, die er durch den hohen Schweißverluß verliert. Gute Radsportler haben einen abwechslungsreichen Ernährungsplan, der bestimmt nicht die Haushaltskasse überbelastet. Achte auf deinen Körper. Fahre so, wie es dir Spaß macht. Lasse dich nicht von „Durchschnittsutopien" leiten (z.B. 1 Stunde = 35 gefahrene Kilometer). Nur schwache Radler müssen ihr eigenes Unvermögen ständig mit übertriebener Geschwindigkeitsangabe überdecken.

Entspannte und lockere Wiederkehr von einer Radtour ist beste Körper und Seelenmassage.

4. Kartenübersicht

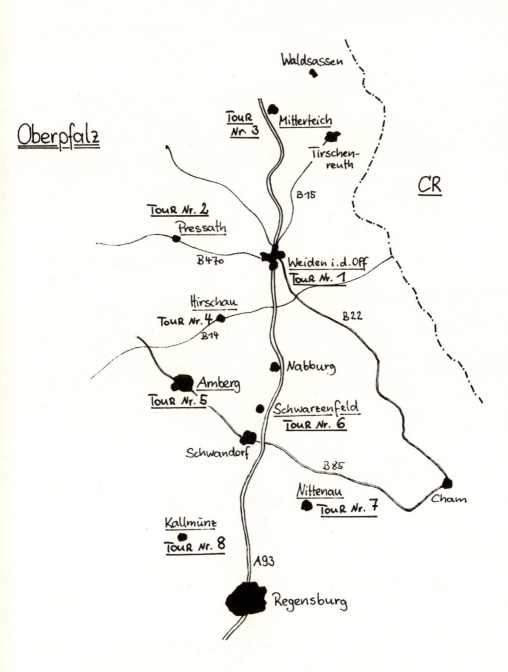

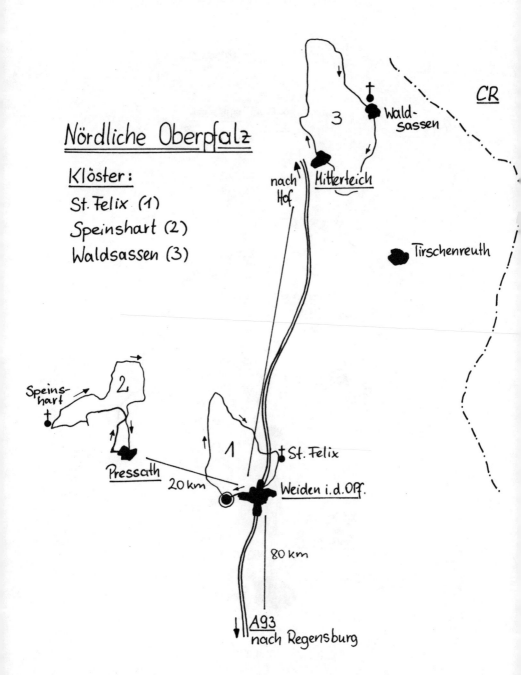

Mittlere Oberpfalz

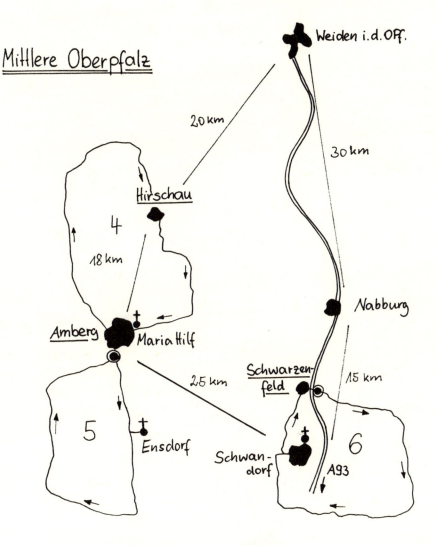

Klöster:
Maria-Hilfberg Amberg (4)
Ensdorf (5)
Schwandorf (6)

Südliche Oberpfalz

Klöster:
Walderbach (7)
Reichenbach (7)
Pielenhofen (8)

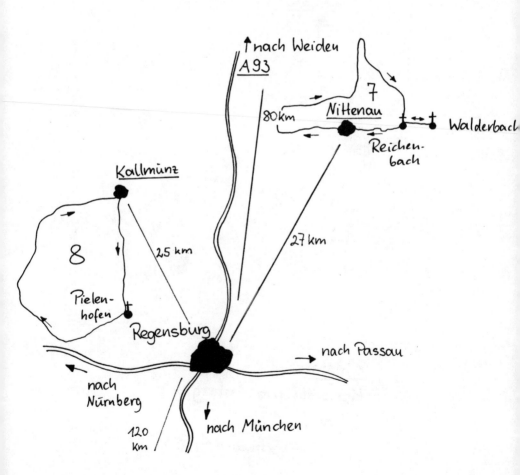

5. Tourenübersicht

Nr.	Ausgangsort	Länge	Sehenswürdigkeit
1	Weiden	45 km	Kloster St. Felix
2	Pressath	38 km	Kloster Speinshart
3	Mitterteich	43 km	Kloster Waldsassen
4	Hirschau	49 km	Kloster Maria Hilf
5	Amberg	46 km	Kloster Ensdorf
6	Schwarzenfeld	46 km	Kloster Kreuzberg
7	Nittenau	42 km	Kloster Reichenbach Kloster Walderbach
8	Kallmünz	50 km	Kloster Pielenhofen

6. Tourenvorschläge

1. Familienausflug zum St. Felix (Kloster St. Felix)
2. Radeln in der Kemnather Senke (Kloster Speinshart)
3. Im Stiftland unterwegs (Kloster Waldsassen)
4. Rund um den Rotbühl (Wallfahrtskirche Mariahilf)
5. Wir radeln im Vilstal (Kloster Ensdorf)
6. Die reizvolle Oberpfälzer Seenplatte (Kloster Kreuzberg)
7. Klöster im romantischen Regental (Klöster Walderbach und Reichenbach)
8. Am Unterlauf der Naab (Kloster Pielenhofen)

7. Grafik

Tour Nr.	Rennrad	Touren-rad	ATB	Schwierigkeitsgrad	für Kinder geeignet
1		x	x	1	ja
2	x	x	x	2	ja
3	x	x	x	3	nein
4	x	x	x	3	nein
5	x	x	x	1	ja
6	x	x	x	1	ja
7	x	x	x	1	ja
8		x	x	1	ja

Allterrainbike oder Trekkingrad ist die Bezeichnung für neue Räder mit guter Schaltung und hohem Ausstattungskomfort.

Schwierigkeitsgrad: 1 (leicht) bis 3 (schwer)

8. Zeichenerklärung

TOUR

NR.: 1

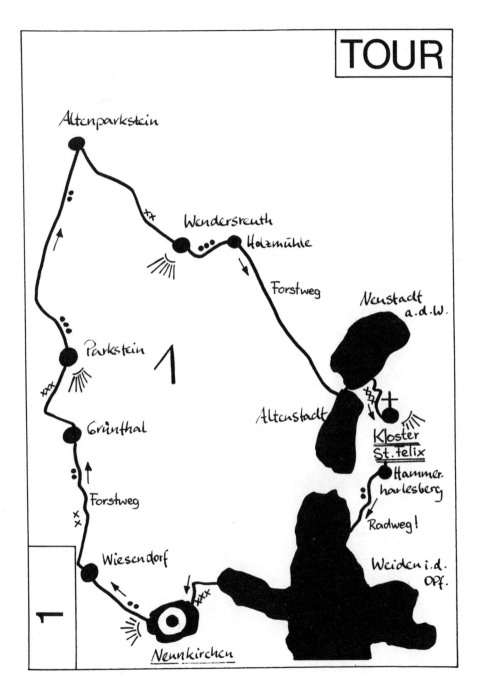

Tour Nr. 1

Ausgangspunkt: Weiden

Tourenlänge: 45 km

Streckentelegramm: Neunkirchen-Parkstein-St. Felix-Weiden-Neunkirchen

Schwierigkeiten: schwere Anstiege - 3
leichte Anstiege -2

Tourenbeschreibung:

Idealer Ausgangspunkt dieser Touren ist Neunkirchen bei Weiden. Der Stadtteil ist relativ leicht von Weiden aus in Richtung Freihung zu erreichen und bietet hervorragende Startmöglichkeiten für unsere erlebnisreiche Radwanderung.

An der katholischen Kirche kannst du, lieber Radler, dein Auto recht bequem parken. Wir überprüfen nochmals unsere Radausrüstung, ehe uns eine recht flotte Abfahrt hinab nach Wiesendorf bringt. Zum Einfahren radeln wir ein paar Kilometer durch den „Manteler Forst". An einer markanten Waldlichtung (siehe großer Strommasten) halten wir uns rechts und fahren den Forstweg, immer unter den Strommasten, hinauf bis zur Einmündung der B 470. Achtung beim Überqueren. Geradeaus laufen unsere Räder weiter zum Grünthaler Hof.

Vor uns liegt deutlich sichtbar der Basaltkegel des Parkstein. Kräftig müssen wir auf der kleinen Teerstraße in die Pedale treten, um den Marktflecken Parkstein zu erreichen. Hier legen wir eine kurze, lohnenswerte Rast ein. Stelle dein Rad ab und gehe den Kreuzweg hinauf zum Basaltkegel. Hier oben hast du einen herrlichen Blick auf das Weidener Becken mit den angrenzenden Bergen des Oberpfälzer Waldes. Soweit das Auge reicht Berge, Wälder und Wiesen. Das Oberpfälzer Hügelland liegt uns zu Füßen.

Kurz einige Anmerkungen zur Burg Parkstein. Sie ist eine der ältesten Burgen der Oberpfalz und wurde bereits 1052 erstmals urkundlich erwähnt. 1634 überstand die Anlage die Belagerung der Schweden und um das Jahr 1760 gab man die einstmals große Burganlage dem Verfall preis. Zur Zeit werden die Überreste der Burg mühevoll restauriert.

Nichts erinnert heute mehr an den politischen Stellenwert dieses Ortes. Die nahegelegenen Orte Neustadt und Weiden haben Parkstein an Bedeutung weit überflügelt.

Ehe wir die Weiterfahrt antreten, sollte man an der Südost-

St. Felix Neustadt/WN

seite des Basaltkegels die überhängenden Steinsäulen betrachten. Sie sind die letzten Überreste, die uns Einblick in die Erdevolution geben.

Wir verlassen den Markt in nördlicher Richtung und fahren weiter nach Altenparkstein. Im kleinen Dörfchen biegen wir rechts ab und folgen der Wegweisung zur B 22. Auf und ab schlängelt sich die kleine Straße hinauf nach Wendersreuth. Eine steile Abfahrt bringt uns ins Sauerbachtal. An der verlassenen Holzmühle vorbei, kurbeln wir den breiten Forstweg durchs romantische Tal. Die nächste

Ortschaft, Altenstadt, durchfahren wir zügig und erreichen nach wenigen Minuten die Kreisstadt Neustadt/Wn.

Beim Hotel Grader zweigen wir rechts ab und treten kräftig in die Pedale. Die Auffahrt zum Kloster St. Felix verlangt eine gehörige Portion Stehvermögen. Wenn hier jemand sein Rad schieben muß, ist es keine Schande. Etwas außer Atem, gönnen wir uns eine Pause.

Das Kloster St. Felix ist dem hl. Felix von Cantalice geweiht. Die 1720 nach Neustadt gekommenen Kapuziner verehrten diesen Heiligen und erbauten zunächst eine hölzerne Kapelle. 1735 erfolgte dann ein Neubau, der ständig erweitert wurde und zur heutigen Form führte. Laut Inschrift wurde der Bau unter so bewährten Baumeistern wie dem Waldsassener Philipp Mutone 1746 abgeschlossen. Erst 1765 wurde der Innenausbau vollendet.

Interessant ist, daß viele einheimische Künstler ihren Beitrag zur Ausstattung leisteten. Der Hochaltar stammt zum Beispiel von den beiden Tirschenreuther Bildhauern Vitus Wenda und Peter Hautmann.

Die Figur des hl. Felix wurde vom Waldthurner Künstler Josef Reber gefertigt. Die Deckengemälde zeigen übrigens Szenen aus dem Leben des hl. Felix.

Im Vergleich zu anderen Klosteranlagen besticht St. Felix geradezu durch seine Bescheidenheit. Der Charakter des barocken Baustils wurde durch eine klare Gliederung des Kirchenraumes nicht übertrieben ausgeschmückt. Die fehlenden Stukkaturen werden durch reichlich verzierte Altäre ausgeglichen. Gönner und Förderer dieses Klosters waren die Fürsten von Lobkowitz, die in Neustadt/Wn. in den Jahren 1698-1720 das Neue Schloß (heute Landratsamt) erbauten. Seit 1925 betreuen Minoriten die Kirche.

St. Felix vermittelt dem Besucher ein ausgewogenes ländliches Erscheinungsbild. Die Gestaltung der Umgebung wurde harmonisch abgestimmt - die herrliche Allee, der gepflegte Klostergarten und die angrenzenden Felder geben ein gelungenes topographisches Gesamtbild.

Nach dieser beschaulichen Einkehr wollen wir uns auf die Weiterfahrt konzentrieren. Einmal rechts und nach 300 m links einmündend erreichen wir Hammerharlesberg und das Tal der Waldnaab (beachte die Schilder „Naabtalradweg"). Etwas aufmerksamer und vorsichtiger befahren wir die breite Hammerwegstraße durch den gleichnamigen Stadtteil Weidens. Nach etwa 2 km stoßen wir auf die belebte Kreuzung an der „Salzbrücke".

Ein markanter Gebäudekomplex ist jetzt sichtbar - das Weidener Freizeitzentrum mit Eisstadion und Thermenwelt. Es zählt wohl zu den attraktivsten Sport- und Freizeitzentren der Oberpfalz. Jung und alt erfreuen sich gleichermaßen über das abwechslungsreiche Sportangebot der großzügigen Anlage. Unmittelbar am Parkplatz vor dem Zentrum teilen sich die beiden Radwege. Benutze den Weg in Richtung Mooslohe. Vorbei an gepflegten Gartenanlagen erreichen wir nach wenigen Minuten den Stadtteil Mooslohe. An der Ampel zweigt man wieder links ab, radelt die Tulpen- und Joseph-Haas-Str. hinauf bis zur nächsten Kreuzung. Hier halten wir uns rechts.

Die breite Straße führt nach „Weiden-West", läuft vorbei an der katholischen Kirche „Maria Waldrast" und bringt uns nach etwa 2 km zur westlichen Stadtgrenze von Weiden.

Dort überquerst du die B 470 und bald darauf schauen uns die beiden Kirchtürme von Neunkirchen entgegen. Über Latsch führt uns ein „kerniger Anstieg" zum Parkplatz zurück.

Vielleicht froh darüber, den letzten kräftezehrenden Anstieg gut gemeistert zu haben, kannst du dir eine herzhafte Brotzeit in einem Gasthaus schmecken lassen. Bei einer kühlen Radlermaß können wir nochmals alle Eindrücke dieser eindrucksvollen Tour gedanklich passieren lassen.

TOUR

NR.: 2

TOUR

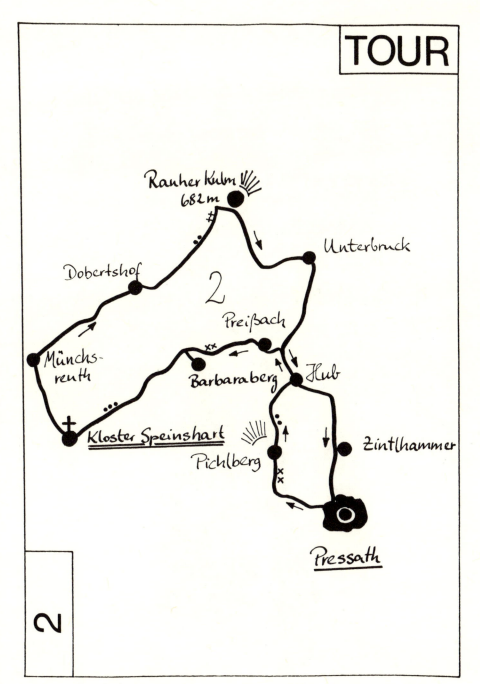

Tour Nr. 2

Ausgangspunkt: Pressath

Tourenlänge: 38 km

Streckentelegramm: Pressath-Speinshart-Rauher Kulm-Pressath

Schwierigkeiten: schwere Anstiege - keine mittlere Anstiege - 3

Barbaraberg

Tourenbeschreibung:

Beschaulich liegt im Haidenaabtal, eingebettet zwischen dem Naturpark „Hessenreuther Wald", die Stadt Pressath. Ihr Wahrzeichen, die alte Pfarrkirche St. Georg, ist weit ins Land sichtbarer Mittelpunkt des Naturparkstädtchens.

Am westlichen Stadtrand (BMW Autohaus Pressath) machen wir unsere Räder startklar. Bremsen, Reifen alles in Ordnung - die Verpflegung darf nicht fehlen. Wir rollen in westliche Richtung dem nächsten Dorf entgegen.

Bald erreichen wir die kleine Ortschaft Grub. Die Wegweisung Pichelberg ist deutlich sichtbar, ihr folgen wir und radeln entspannt durch den Wald hinab nach Pichelberg und dort weiter nach Hub. Mehrere Anstiege bringen uns über Burkhartsreuth und Preißach hinauf zum Barbaraberg.

Diese markante Wallfahrtskirche ist seit Jahrhunderten eng mit der Geschichte des Klosters Speinshart verbunden. Bereits im 14. Jahrhundert stand hier auf dem Berg eine Kapelle. Zur Blütezeit der Wallfahrt im 18. Jahrhundert ließ Abt Dominikus von Lieblein die 1666 erbaute Kirche abbrechen und 1741 an demselben Ort eine neue Kirche erbauen. Zur Zeit der Säkularisation verlor der Barbaraberg an Bedeutung. Die ehemaligen Altäre findet man heute in Kirchendemenreuth, Bärnau und Erbendorf.

Lange Zeit wurde dieses Kulturgut wenig beachtet und zeitweise sogar als Scheune benutzt. 1920 wurde die Wallfahrt auf den Barbaraberg wieder aufgenommen. Damals wurde auch die Kapelle und deren charakteristische Fassade wiederhergestellt. In dieser Kapelle findet man übrigens das Gnadenbild der hl. Barbara in Gestalt einer Holzfigur aus dem 15. Jahrhundert.

Ein wunderbarer Rundblick auf das Fichtelgebirge zeigt dir die Schönheit diese Landstriches. Unser ständiger Begleiter, der 682 m hohe Basaltkegel des „Rauhen Kulm", ist nach dem Klosterbesuch unser nächstes Etappenziel. Nach Speinshart rollen die Räder fast ohne Muskelkraft.

Schon die Einfahrt ist beeindruckend. Durch einen breiten Torbogen gelangen wir ins „Innere" der Klosteranlage mit den angrenzenden Gebäuden.

Das Kloster Speinshart wurde im 12. Jahrhundert gegründet. Ausgangspunkt war die Schenkung des kinderlosen Adeligen Adelvolk von Reifenberg im Jahre 1145 an den Prämonstratenserorden. Elf Patres gehörten zu den Gründern. Noch im selben Jahrhundert entstand die erste steinerne Kirche. Nach der Verwüstung durch ein Reichsheer (1313) wurde es zu einer Festungsanlage ausgebaut. 1459 erfolgte der Aufstieg zur Abtei. In der Zeit nach der Reformation verfiel Speinshart. Im Jahre 1669 erhielten die Prämonstratenser das inzwischen baufällige Gemäuer zurück. Bald danach erfolgte der Wiederaufbau unter der Leitung von Wolfgang Dientzenhofer. Die Gebrüder Lucchese aus Italien übernahmen die Innenausgestaltung. Beeindruckend ist das überaus reichlich verzierte Deckengewölbe.

Während der Säkularisation verlor Speinshart bedeutende Kunstschätze, insbesondere aus der Bibliothek.

Nach dem 1. Weltkrieg kaufte der Prämonstratenserorden die Klosteranlage vom Staat zurück und betreibt seit 1923 dort wieder eine Abtei.

Das Kloster Speinshart zählt in bezug auf die räumliche Ausdehnung eher zu den kleineren der Oberpfalz. Von der Ausschmückung und künstlerischen Gestaltung zählt es aber zu einem der wertvollsten weit über die Grenzen der Oberpfalz hinaus. Das Kloster und die Kirche sind ein charakteristisches Beispiel des Spätbarocks. Im Chor findet man Bildnisse der Kirchenpatronin (Mariä unbefleckte Empfängnis) und im Langhaus Szenen aus dem Leben des Ordensgründers Norbert. Die Ausschmückung der Decke und der Wände wurde beinahe verschwenderisch mit Blüten- und Muschelstukkaturen vollzogen. Zahlreiche Putten vermitteln das barocke Lebensgefühl.

Ausführliche Informationen zur Bau- und Kunstgeschichte erhält man aus dem aufliegenden Kirchenführer.

Unsere Tour geht weiter. In Münchsreuth biegen wir rechts ab und fahren auf einer geschotterten Forststraße nach Dobertshof. Hier verlassen wir die ruhige Wegstrecke. Etwa zwei Kilometer fahren wir auf der viel befahrenen Kreisstraße nach Neustadt am Kulm weiter. Ständig den Blick auf den bewaldeten Basaltkegel werfend, radeln wir zum Wanderparkplatz an der kleinen Straße nach Preißach.

Kloster Speinshardt K. Birne

Die Wandertafel gibt uns Auskunft über die vielfältigen Wander- und Spaziermöglichkeiten rund um den „Rauhen Kulm".

Die Besteigung des 682 m hohen Basaltkegels sollte man auf jeden Fall in die Tour mit einbeziehen. Man kann das Rad stehen lassen und zum Aussichtsturm hinaufwandern. Ein phantastischer Rundblick auf die Kemnather Senke entlohnt für den steilen Aufstieg. Im Westen erkennen wir die Höhenzüge der Fränkischen Schweiz, zum Greifen nahe liegt das Fichtelgebirge mit den beiden markanten Erhebungen, dem Ochsenkopf und dem Schneeberg. Nordöstlich grenzt der Steinwald mit der 946 m hohen Platte an das Becken. Rauhes, herbes Land liegt uns zu Füßen. Man könnte diese Aussicht stundenlang genießen.

Frisch und ausgeruht schwingen wir uns auf die Räder und radeln weiter ins Haidenaabtal. Filchendorf und Unterbruck sind nur Zwischenstationen, ehe man nach Birkhof auf die bekannte Straße trifft.

Durchs wildromantische Haidenaabtal hinab nach Zintlhammer sind es nur wenige Kilometer. Kurz vor der Einmündung der neuen Umgehungsstraße von Pressath biegen wir rechts ab und benutzen den Forstweg zur Rückfahrt. Er verläuft unmittelbar parallel zur breiten Straße und bringt uns genau zum Ausgangspunkt zurück.

TOUR

NR.:3

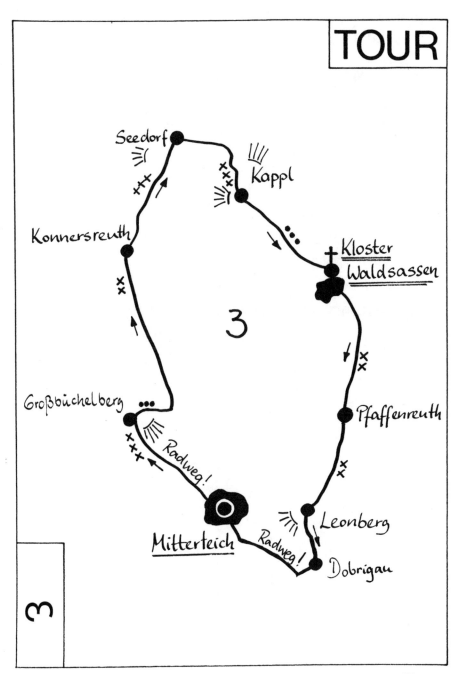

Tour Nr. 3

Ausgangspunkt: Mitterteich

Tourenlänge: 43 km

Streckentelegramm: Mitterteich-Konnersreuth-Kappl-Waldsassen-Mitterteich

Schwierigkeiten: schwere Anstiege - 3
                     mittlere Anstiege - 3

Tourenbeschreibung:

Ausgangsort für unsere Reise ins Stiftland ist die kleine Industriestadt Mitterteich. Glas- und Porzellanindustrie bilden den wirtschaftlichen Schwerpunkt des Städtchens. Im Südwesten grenzen die Ausläufer des Steinwaldes an den Ort. Bei guter Sicht kann man alle hohen Gipfel des markanten Granitgebirges erkennen. Hackestein, Räuberfelsen und Vogelfelsen sind bizarre Kletterfelsen im „Hohen Steinwald". Die 946 m hohe „Platte" ist der höchste Berg der Oberpfalz.

Als Ausgangspunkt dient uns der neugestaltete Stadtplatz. Eine kleine, schmale Straße bringt uns rasch nach Großbüchelberg. Rechts ab, stoßen wir nach wenigen Metern auf die Kreisstraße nach Konnersreuth. Folge dieser Wegweisung. Nach fünf Kilometern erreichst du den beinahe weltberühmten Ort.

Die „Konnersreuther Resl" bringt dem Dorf alle Jahre viele Besucher. Geburtshaus und Anbetungskloster geben den interessierten Gästen Einblick in die mystische Biographie einer ungewöhnlichen Frau.

Therese Neumann wurde 1898 in Konnersreuth geboren. Sie wurde dadurch bekannt, daß sie über Jahre hinweg am Karfreitag aus den Wundmalen Jesu Christi blutete. Darüber hinaus verzichtete sie jahrelang auf jegliche Nahrungsaufnahme. Lediglich durch den Empfang der täglichen Kommunion bestritt sie ihre Ernährung. Beide Phänomene untersuchte eine unabhängige wissenschaftliche Kommission, die keinerlei Erklärung finden konnte. Die „Konnersreuther Resl" starb im September 1962. Ihr Grab befindet sich auf dem Konnersreuther Friedhof.
Noch etwas befangen von der geheimnisvollen Geschichte des Ortes treten wir die Weiterfahrt an. Über Grün gelangt man zur Kreisstraße nach Münchenreuth. Zweige nun rechts ab und radle der Wallfahrtskirche „Kappl" entgegen.

Die weltbekannte Dreifaltigkeitskirche zieht täglich viele Touristen an. Das Wahrzeichen des Stiftlandes sollte für uns die Möglichkeit bieten, die Fahrt kurz zu unterbrechen und das Kircheninnere zu betrachten.

Der reichlich ausgeschmückte Barockbau wurde in nur vier Jahren 1689 von Georg Dientzenhofer vollendet. Auf dem unbewaldeten Glasberg (628 m) soll schon Ende des 12. Jahrhunderts eine kleine Kirche gestanden haben. Die Wallfahrtskirche besticht durch den harmonischen Dreiklang der Architektur: Die Dreieinigkeit Gottes wird durch drei Altäre, drei Rundchöre, drei Seitenkapellen und -bereits von außen sichtbar- drei kleinen und drei großen Zwiebeltürmen dargestellt. In vielen Details wurde im Innern der „Kappl" der Gedanke der Trinität fortgeführt.

Rasch laufen unsere Räder hinab nach Waldsassen. Mächtig erheben sich die Türme der Stiftsbasilika Waldsassen aus der Stadtsilhouette empor. Suchen wir einen guten Standplatz für unsere Räder und betreten die Barockkirche.

Im Jahre 1133 wurde in der Wondrebsenke das Zisterzienserkloster Waldsassen durch Markgraf Diepold III. von Vohburg gegründet. Schnell gelangte es zu überregionaler Bedeutung. So gehörten die Äbte von Waldsassen jahrhundertelang zum deutschen Fürstenkollegium. Zahlreiche Landschenkungen machten das Zisterzienserkloster wohlhabend und so folgte bald der Bau einer Basilika. Der Reichtum machte das Stift natürlich für die Plünderungen der Hussiten interessant. Daher wurde das Kloster 1430 und 1433 von den Hussiten gebrandschatzt. Die Reformation brachte Waldsassen dasselbe Schicksal ein wie vielen anderen Einrichtungen dieser Art: 1560 wurde das Kloster aufgehoben. Erst 1669 kehrten die Zisterzienser nach Waldsassen zurück und leiteten eine Renaissance des Stifts ein. Anläßlich der Säkularisation verlor es seine ganzen Besitztümer an den Staat und im Jahre 1864 begann die Ära der Zisterzienserinnen, die bis heute das Kloster unterhalten.

Die 82 m lange und 14 m breite Basilika wurde 1681-1704 unter den Baumeistern Abraham Leuthner und Georg Dientzenhofer gebaut. Was zur damaligen Zeit entstand, ist für uns sichtbares Zeichen vollkommener Baukunst. Die mächtige Barockkirche und deren kunstvollen Stukkaturen zählen zu den bedeutendsten Kirchenbauwerken in der Oberpfalz. Bedeutende Namen wie z. B. Giovanni Battista Carlone wirkten an der Innenausstattung mit. Rund 200 Engel und Puttenköpfe zieren das Innere der Basilika. Die zahlreichen Fresken im Chor zeigen Szenen von der Gründung des Klosters. Im Langschiff stellen die Deckengemälde das Rosenkranzgeheimnis dar.

Die Kirchenkonzerte in der Stiftsbasilika tragen ebenfalls zum hohen Bekanntheitsgrad des Klosters bei. Viele namhafte Orgelvirtuosen geben zusammen mit anderen Musikern klassische Konzerte in feierlichem Rahmen. Das Programmheft gibt dir Aufschluß über die Termine und die Künstler der Aufführungen. Es ist ein einzigartiger Genuß symphonischer Orgelmusik. Wenn dir Zeit bleibt, besuche noch die sehenswerte Klosterbibliothek. Ihre Schnitzereien sind weltberühmt.

Tief beeindruckt vom unschätzbaren Wert dieser Abtei, setzen wir unseren Radausflug fort. In südlicher Richtung läuft unsere Straße an Wiesen und Feldern vorbei nach Pfaffenreuth. Durch den gleichnamigen Wald erreichen wir schnell die Ortschaft Zirkenreuth. Eine schmale, wenig befahrene Straße bringt uns nach Dobrigau. Hier ändern wir die Richtung unserer Tour. Rechts ab radeln wir dem kleinen Ort Themenreuth entgegen.

Ein einmaliges Panorama begleitet dich auf deiner Radreise. Bewaldete Höhen, offenes Hügelland und eine einzigartige Weiherlandschaft prägen das Bild des Stiftlandes, dieser nördlichsten Kulturlandschaft der Oberpfalz.

Auf der Weiterfahrt streifen wir eines der größten Fischzuchtzentren Deutschlands. Das Teichgebiet „Parkschwamm" umfaßt etwa 200 Weiher, die eine Wasserfläche von ca. 160.000 qm bilden. Nicht weit davon entfernt liegt die Kreisstadt Tirschenreuth.

Über den Radweg kehren wir entspannt und ohne große Kraftanstrengung zurück nach Mitterteich.

TOUR

NR.: 4

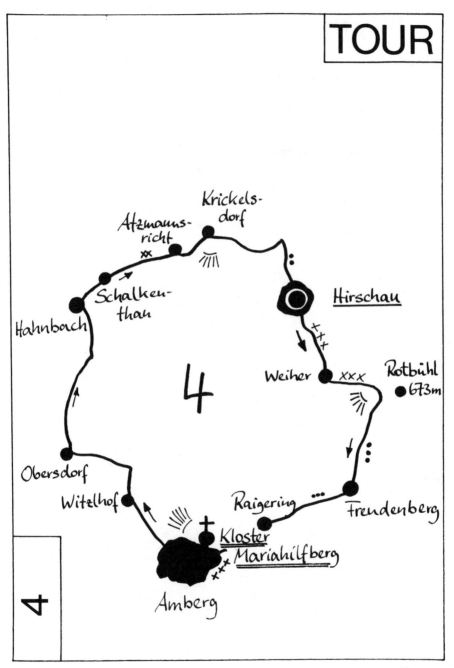

Tour Nr. 4

Ausgangspunkt: Hirschau

Tourenlänge: 49 km

Streckentelegramm: Hirschau-Freudenberg-Amberg-Hahnbach-Hirschau

Schwierigkeiten: schwere Anstiege - 3
                     mittlere Anstiege - 1

Maria Hilf Amberg

Tourenbeschreibung:

Diese Radtour beginnt, lieber Sportsfreund, im oberpfälzischen Städtchen Hirschau. Der schöne Ort ist nicht nur wegen seiner „Hirschauer Stück'In" berühmt geworden, vielmehr trägt der Wintersportverein SC Hirschau, aus dessen Reihen schon mehrere deutsche Skilanglaufmeister hervorgegangen sind, zum Bekanntheitsgrad der Stadt bei.

Der nahe liegende 150 m hohe „Monte Kaolino", ein mächtiger Kaolinberg, ist das Wahrzeichen des Ortes. Die am Fuße liegende Freizeitanlage hat ihren besonderen Reiz. Man kann an heißen Sommertagen sowohl ein erfrischendes Bad nehmen, als auch in rasanter Fahrt vom Gipfel zu Tale wedeln. Ein Skiverleih stellt die Spezialskier jedem Sommerskiläufer zur Verfügung.

Am Marktplatz findet man beste Startmöglichkeiten für unsere Radtour. In südliche Richtung verlassen wir das Städtchen. Aus der Nähe grüßt der 673 m hohe Rotbühl, ein bewaldeter Bergrücken, dessen höchster Punkt mit dem Rotbühlsender weithin aus allen Himmelsrichtungen sichtbar ist.

Ständig bergauf müssen wir über Weihern diesen Bergzug erklimmen. Meter für Meter arbeiten wir uns dem höchsten Punkt unserer Tour entgegen. Ab und zu öffnet sich der Blick ins Land und unsere Strapazen geraten in Vergessenheit.

Endlich geschafft! Möglicherweise naßgeschwitzt haben wir den Gipfel erreicht. Vielleicht ist es ratsam, das Trikot zu wechseln. Nasse Kleidung ist nicht besonders angenehm bei der darauffolgenden langen Abfahrt. Beide Hände bremsbereit, lassen wir das Rad hinab nach Freudenberg rollen.

Viel zu schnell fährt man die Kilometer abwärts. In Freudenberg bleiben wir kurz stehen und genießen die herrliche Aussicht. Ein geradezu typisches Landschaftsbild liegt vor uns. Mancher Großstädter wird bei solch beschaulicher Idylle neidisch.

Die nächsten Kilometer verlaufen abwechslungsreich bergauf und bergab bis Raigering. An der Ampel bitte aufgepaßt. Überquere die Straße und fahre immer geradeaus weiter. Jetzt geht es fast ständig bergauf bis zum Mariahilfberg.

Die letzten Meter sind sehr anstrengend. Aber trotzdem, mit geballter Kraft klettern wir nach oben - endlich geschafft!

Der Mariahilfberg (529 m) ist ein Wahrzeichen Ambergs. Stolz und mächtig steht die Wallfahrtskirche hier oben auf dem bewaldeten Bergrücken 152 m über der Vils. Im 17. Jahrhundert wurde mit dem Bau einer Kapelle auf dem Berg begonnen. Damals herrschte in diesem Landstrich die Pest. Um eine Gelübde zu erfüllen, ließen die Gläubigen 1634 eine Votivkapelle erbauen. Damals begann auch die Wallfahrt zum Mariahilfberg. Da immer mehr Pilger daran teilnahmen, war bald eine neue Kirche notwendig. Unter der architektonischen Leitung von Wolfgang Dientzenhofer entstand die heutige Form der Wallfahrtskirche. Im Jahre 1703 wurde die Kirche unter der Aufsicht des Franziskanerbaumeisters Fr. Philipp Plank vollendet. Wie schon öfter in der Oberpfalz zeichnet auch hier wieder Giovanni Batista Carlone für die Stukkaturen verantwortlich. 1717 schuf Cosmas Damian Asam in den Gewölben die herrlichen Fresken. Sie zeigen Szenen z. B. aus der Wallfahrtsgeschichte. Diese wunderbaren Deckengemälde geben dem Kirchenraum eine hohe künstlerische Ausstrahlung. Das Gnadenbild über dem Hochaltar zeigt Maria mit dem Jesuskind. Es ist eine Nachahmung des Maria-Hilf Bildes Lucas Cranachs von St. Jakob in Innsbruck aus dem Jahre 1624.

Heute zählt die Wallfahrtskirche zur bedeutendsten Wallfahrtsstätte in der Oberpfalz. Die Kirche wird seit 300 Jahren von Franziskanermönchen betreut. Genieße die stille Einkehr.

Wir schlagen nun die entgegengesetzte Richtung ein, radeln vorsichtig links die kleine Teerstraße hinab, fahren durch eine Laubenkolonie und erreichen wenig später die

Hauptstraße nach Hahnbach. Hier benutzen wir den Radweg, ehe wir links nach Witzelhof weiterfahren. Wir durchqueren die folgenden Ortschaften ohne größere Pause. In Obersdorf mußt du kurz acht geben - eine unscheinbare Abzweigung (Fronbergstraße) bringt dich durch das Industriegebiet von Sulzbach-Rosenberg, am Fronberg vorbei, nach Hahnbach.

Ab hier wird unsere Radreise wieder beschaulicher. Über Wiesen und Felder rollen wir von Schalkenthan über Atzmannsricht nach Hirschau zurück. Ab und zu bremst ein zäher Anstieg unsere flotte Fahrt. In Hirschau angekommen, sind es nur noch ein paar Meter zum Startplatz. Wir verladen die Räder und treten die Heimfahrt an.

Wie man aus der Grafik entnehmen kann, ist diese Runde nicht unbedingt für Kinder geeignet. Durch die vielen zähen Anstiege würden sie bald die Lust am Radfahren verlieren. Gute Kondition und Ausdauer ist für jeden, der diese Tour abfährt, Voraussetzung.

TOUR

NR.: 5

Tour Nr. 5

Ausgangspunkt: Amberg

Tourenlänge: 46 km

Streckentelegramm: Amberg(Haselmühl)-Kloster Ensdorf-Schmidmühlen-Hirschwald-Haselmühl

Schwierigkeiten: schwere Anstiege - 2
                         mittlere Anstiege - keine

Ensdorf
Benediktinerabtei
Hauptportal

Tourenbeschreibung

Amberg, die zweitgrößte Stadt der Oberpfalz, kann auf eine lange geschichtliche Stadtentwicklung zurückschauen. Die alte Erzbergbaustadt war oberpfälzische Residenz der Pfalzgrafen bei Rhein. Heute prägen noch viele gut erhaltene Baudenkmäler das Altstadtbild. Wahrzeichen der Stadtbefestigung ist die Befestigungsmauer auf zwei Brückenbögen der Vils, im Volksmund „Stadtbrille" genannt. Die Vils ist auch auf den kommenden Kilometern unsere ständige Begleiterin.

Als Startpunkt wählen wir den Stadtteil Haselmühl, von der Stadtmitte aus leicht zu erreichen. In unmittelbarer Nähe des alten Bahnhofs befinden sich zwei Parkplätze. Hier startet der neu angelegte „Vilstalradweg". Bis Schmidmühlen wurde der alte Bahnkörper neu befestigt und als wunderbarer Radweg ausgebaut.

Unsere Tour beinhaltet ruhige und beschauliche Kilometer. Es ist ein beinahe erholsamer Streckenverlauf. Auf dem Radweg laufen die Räder fast alleine. Auf absolut ebenem Weg kurbeln wir an Wiesen und Wäldern vorbei, bis uns von weitem der Kirchturm des Klosters Ensdorf zu einer Rast einlädt. Wir verlassen linker Hand den Radweg und fahren über die Vils dem Kloster entgegen.

Das Kloster Ensdorf wurde 1121 gegründet. Es zählt zu einer Reihe damaliger Klostergründungen im bayerischen Nordgau. 1695 erfolgte die Erhebung zur Abtei. Die Barockkirche entstand 1695-1717 unter der bewährten Leitung von Wolfgang Dientzenhofer auf den Fundamenten ihrer romanischen Vorgängerin. Die Innenausgestaltung nahm Cosmas Damian Asam 1714 vor. Die Fresken stellen Szenen aus dem Leben des Kirchenpatrons St. Jakob dar. In der Kapelle nördlich des Chores befinden sich die letzten Ruhestätten des Wittelsbacher Pfalzgrafenpaares Helica und Otto und deren Sohn und Enkel. Nach der Säkularisation im Jahre 1803 wurde die Kirche zur Pfarrkirche. Seit 1920 betreuen Salesianermönche Don Boscos die ehemalige Benediktinerabtei.

Beim Betreten des Kirchenraumes wird der Besucher von einer klaren Innenausstattung eingefangen. Man sieht weit verzweigte Akanthusranken, die durch Muscheln und Bäume weiter ausgeschmückt wurden. Der Figurenschmuck stammt von Egid Quirin Asam. Der barocke Hochaltar bildet das Zentrum des Kircheninneren. Er wird dem Prüfeninger Künstler Johann Gebhard zugeschrieben (1711). Weitere Einzelheiten kannst du im aufliegenden Kirchenführer in Ruhe nachlesen.

Wir setzen unseren Radausflug über den Radweg nach Schmidmühlen fort. In der Ortschaft angekommen, orientieren wir uns einfach an der Beschilderung „Radweg": Er führt uns zur Einmündung der Hauptstraße nach Kastl. Leider müssen wir kurzzeitig auf dieser frequentierten Straße fahren. Achtung! Die nächste Abzweigung bringt dich auf einer sehr schmalen Teerstraße rechts, den steilen Berg hinauf nach Winbuch.

Solltest Du jetzt Orientierungsschwierigkeiten haben, nimm die Wanderkarte zur Hand und der weitere Wegverlauf wird deutlich erkennbar.

In Galching endet die Teerstraße und geht in einen sandigen Forstweg über. Durch den schattigen Hochwald stoßen wir immer wieder auf die Wegweisungen nach Hirschwald. Es bleibt uns nur das Staunen: Hier scheint die Welt noch in Ordnung zu sein. Eine dörfliche Idylle verzaubert uns. Leider werden wir rasch aus dieser verträumten Abgeschiedenheit herausgerissen, die restlichen Kilometer schlängeln sich etwas lebendiger durch die Landschaft. Die steile Talfahrt vom Waldhaus nach Köfering sollte man konzentriert und aufmerksam durchradeln. Man kann nur hoffen, jeder Autofahrer hat die nötige Toleranz gegenüber dem Radfahrer. Die abschließende steile Ortseinfahrt bringt dich zum Ausgangspunkt zurück.

45 Kilometer völlig streßfreier und ungefährlicher Radtour liegen hinter uns. Die reizvolle Landschaft, die wohltuende Ruhe und das mühelose Radeln machten diese Runde zum erlebnisreichen Familienausflug. Eine kleine Erfrischung im schattigen Biergarten tut jetzt allen gut.

TOUR

NR.: 6

TOUR

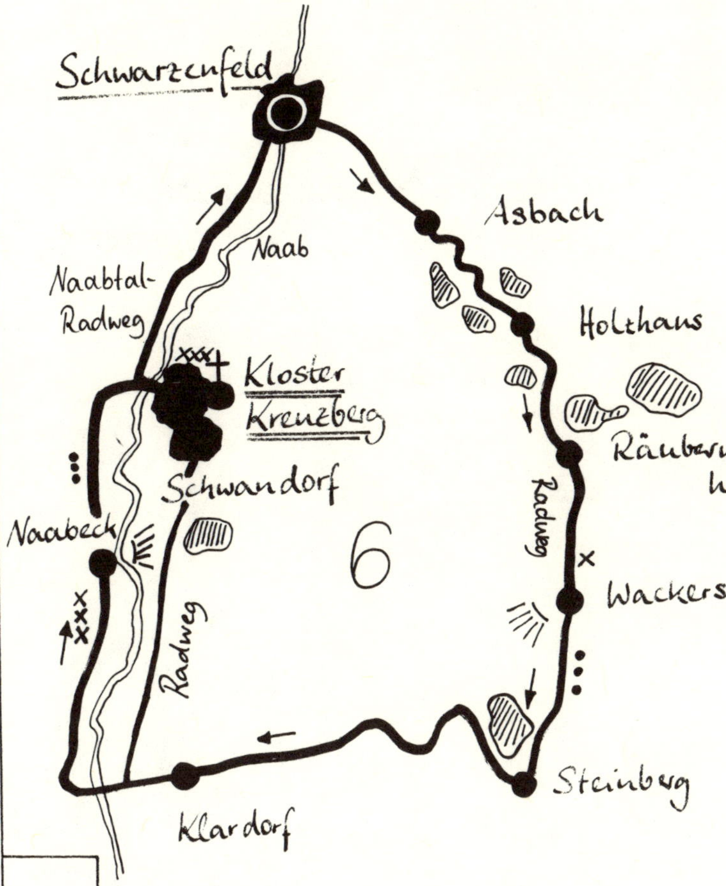

6

Schwarzenfeld

Naab

Naabtal-Radweg

Kloster Kreuzberg

Schwandorf

Naabeck

Radweg

Asbach

Holzhaus

Räuberweiher-haus

Radweg

Wackersdorf

Steinberg

Klardorf

Tour Nr. 6

Ausgangspunkt: Schwarzenfeld

Tourenlänge: 46 km

Streckentelegramm: Schwarzenfeld-Steinberg-Schwandorf-Schwarzenfeld

Schwierigkeiten: schwere Anstiege - 2
mittlere Anstiege - 1

Tourenbeschreibung:

Im Herzen der Oberpfalz gelegen, findet man das Städtchen Schwarzenfeld. Ein idyllischer Ansichtskartenblick eröffnet sich vom Naabufer auf die Stadtkirche und das Schloß. Unsere Radtour wollen wir am östlichen Stadtrand beginnen. Im Ortsteil Traunricht lassen wir das Auto zurück und radeln gespannt unserer Tour entgegen.

Kurz hinter der Ortschaft Asbach verlassen wir die breite Straße und biegen links in eine sehr schmale Teerstraße ein. Entlang vieler kleiner Weiher schlängelt sich der Weg zum Holzhaus.

Beachten wir zwei Abzweigungen. Flach geht es durch den Wald weiter nach Räuberweiherhaus. Wir befinden uns jetzt mitten im Zentrum der Oberpfälzer Seenplatte. Unzählige Weiher und Seen bilden für alle Surf- und Segelfreunde ein ideales Freizeitrevier. Bunte Segel sind wie abstrakte Farbtupfer auf den großen Wasserflächen des Murner und Steinberger Sees sichtbar. Viele Wassersportler aus Nah und Fern frönen an heißen Sommertagen hier ihrem Hobby. Soweit es die Witterung zuläßt, kannst du ein erfrischendes Bad in einem der Seen nehmen. Weiter geht unsere Fahrt. Durch den Taxöldener Forst, der vor einigen Jahren Berühmtheit durch den geplanten Bau der WAA erlangte, rollen wir der nächsten Ortschaft entgegen.

An Wackersdorf vorbei, erreichen wir sogleich Steinberg. Hier knickt unsere Strecke nach rechts ab. Es sind nur noch wenige Kilometer bis nach Klardorf. Unmittelbar an der Einmündung in die B 15 hast du zwei Alternativen für die Weiterfahrt.
Entweder entscheidest du dich für den etwas eintönigen Naabtalradweg, der direkt neben der Bundesstraße verläuft oder du nimmst einen kleinen Umweg in Kauf und radelst über Naabeck, Gögglbach und Naabsiegenhofen nach Schwandorf. Der zweite Vorschlag ist etwas abwechslungsreicher.

Hoch über Schwandorf auf dem Kreuzberg (408 m) steht das gleichnamige Karmelitenkloster Kreuzberg. Die beiden

mächtigen Türme sind weit ins Land hinaus sichtbar. Sie gehören zur Wallfahrtskirche „Unserer Lieben Frau". Die Geschichte dieser Kirche ist noch relativ jung. Anstelle der 1945 durch Kriegseinfluß abgebrannten alten Rokokokirche wurde 1949-1952 die heutige Klosterkirche gebaut. Die reiche, modern-barocke Innenausstattung geht auf die Maler Blasius Spreng und Josef Trautner sowie auf die Bildhauer Agnes Fischer und Reinhold Grübl zurück.

Beim Betreten der Kirche ist man überrascht. Ein geradezu unerwarteter Baustil beeindruckt die Besucher. Der helle, klar gegliederte Kirchenraum gibt dem Bauwerk eine besondere Charakteristik. Freundliche Pastelltöne befinden sich in harmonischem Einklang mit den kostbaren Mosaiken. In seiner Gesamtheit fällt dieses sakrale Bauwerk völlig aus dem Rahmen der sonst üblichen Kirchenbaustile. Lassen wir die Architektur auf uns wirken. Ein stilles Verweilen gibt uns Zeit dazu.

Eine Besonderheit konnten wir ebenfalls feststellen. Immer wenn eine größere Besuchergruppe der Kirchenvorplatz betritt, läuten die Glocken als christlicher Willkommensgruß.

Bitte Vorsicht bei der steilen Bergabfahrt. Am besten wählt man dieselbe Strecke für die Rückfahrt zum Radweg. Ruhig und beschaulich rollen wir dem Ziel entgegen. Nach sechs Kilometern kommen wir in Schwarzenfeld an.

Eine fast atypische Radwanderung für die Oberpfalz führte uns durch wunderbare Landstriche. Kaum Berge, keine harten Anstiege machen diese Radreise gerade für Kinder und ältere Radler interessant. Die überschaubare Kilometerzahl kommt jedem Freizeit- und Hobbyradler entgegen. Man kann die kleine Runde jederzeit als „Kaffeefahrt" einschieben.

TOUR

NR.: 7

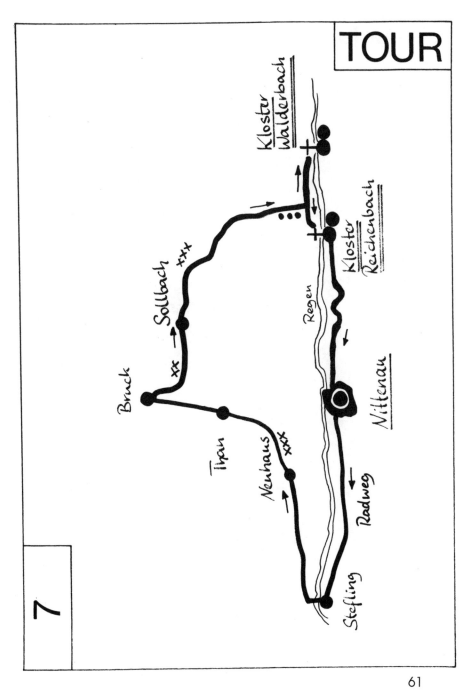

Tour Nr. 7

Ausgangspunkt: Nittenau

Tourenlänge: 42 km

Streckentelegramm: Nittenau-Bruck-Walderbach-Reichenbach-Nittenau

Schwierigkeiten: schwere Anstiege - 2
mittlere Anstiege - 2

Tourenbeschreibung:

In Nittenau, wo die Oberpfalz dem Besucher eher ihren lieblichen Charakter zeigt, wollen wir unsere Tour beginnen. Eingebettet zwischen den bewaldeten Bergrücken des Regentales liegt das kleine Städtchen. Der Regen, der hier bereits eine stattliche Breite hat, gibt dem Ortsbild ein markantes Aussehen.

Beste Startmöglichkeiten findet man am großen Parkplatz direkt am Flußufer, nahe der Schule. Wir haben noch Zeit, die Räder startklar zu machen, die Trinkflaschen zu überprüfen und nochmals einen Blick auf die Radkarte zu werfen. Alles soweit in Ordnung - dann geht's los! Gleich nach der Ortsdurchfahrt erreichen wir den neuangelegten Radweg. Er schlängelt sich bequem am Ufer des Regen entlang bis Stefling.

Völlig entspannt erreichen wir den Ort. Wer hier bereits einen großen Durst verspürt, kann eine kurze Rast in der Schloßgaststätte einlegen. Nach 200 m überqueren wir die Straße und radeln über die alte Brücke am anderen Ufer flußaufwärts Neuhaus entgegen. Öfters genießen wir den herrlichen Rundblick. Über dem Regental, ganz hinten am Horizont, zeichnen sich die Berge des Bayerischen Waldes ab. Nach Neuhaus mußt du, lieber Radler, kräftig in die Pedale treten. Vielleicht zwingt der kurze, aber sehr steile Anstieg so manchen Radfahrer zum Schieben - alles nicht so schlimm, dies soll keine Schande sein. Die folgenden Kilometer sind wenig spektakulär. Bleich, Than und St. Hubertus sind nur Streckenpunkte, die unsere flotte Fahrt nicht bremsen.

Kurz vor Bruck zweigt man rechts ab und arbeitet sich den langen Berg empor nach Sollbach. Doch leider nicht genug, ein mächtiger Anstieg verlangt nach kleinen Übersetzungen. Nach drei Kilometern erreichst du die Einmündung in die breite Straße nach Walderbach. Rechts ab - nun rollen die Räder leichter. Die höchsten Erhebungen liegen hinter uns. In Serpentinen geht es jetzt steil hinab ins

Regental. Blickst du nach links, kannst du den Kirchturm des Klosters Walderbach erkennen.

Das Kloster feierte 1993 sein 850jähriges Bestehen. Im Jahre 1143 wurde es als Zisterzienserkloster gegründet und bald darauf wurde mit dem Bau der dreischiffigen Kirche begonnen. Es entstand eine Basilika in romanischem Stil. In den Jahren 1428 und 1433 bereiteten Hussitenüberfälle dem aufstrebenden Kloster ein jähes Ende. 1556 wurde das Kloster durch Pfalzgraf Ottheinrich aufgehoben. Über 100 Jahre später besiedelten wieder Zisterzienser das Kloster. 1748 wurde die Kirche barock umgestaltet. Damals entstanden auch die barocken Konventgebäude. Im Zuge der Säkularisation wurde das Zisterzienserkloster 1803 aufgehoben. Die Kirche ging in den Besitz der Pfarrei, während die Klostergebäude weltlichem Nutzen zugeführt wurden. Seit 1962 findet man darin u. a. das Kreismuseum.

Die ehemalige Klosterkirche ist unbedingt sehenswert. Sie besitzt wertvolle romanische Gewölbemalereien und zahlreiche Grabdenkmäler.

Setzen wir unsere Tour fort. Den gleichen Weg zurück, nach wenigen Minuten erreichen wir Reichenbach. Letzte Kraftreserven erfordert die Auffahrt zum nächsten Kloster.

1118 wurde das Kloster Reichenbach von Markgraf Diepold von Cham den Benediktinern gestiftet. 1355 war es bereits Klosterschule und im 15. Jahrhundert galt es als Zentrum wissenschaftlicher Betätigung. 1803 sollte im Rahmen der Säkularisation die Abtei aufgelöst und der Pfarrei Walderbach zugeordnet werden. Es drohte der Abbruch.

1889 wurde die caritative Anstalt gegründet und 1890 übernahmen die Barmherzigen Brüder das Kloster als Pflegeanstalt. 1975 wurde mit dem Bau einer großen Behindertenbetreuungsstätte begonnen. Zum heutigen Zeitpunkt bestehen Kloster und Anstalt aus einem gewaltigen Gebäudekomplex. Man sieht noch immer die mittelalterlichen Befestigungsanlagen.

Die romanischen Pfeilerbasilika aus der Zeit um 1130 weist eine reichhaltige Barockausstattung auf. Die zahlreichen Fresken gehen auf den Regensburger Künstler Andreas Gebhard zurück. In den Wandgemälden findet man Hinweise auf die Klostergeschichte. Als zusätzliche Erläuterung haben die Künstler Texte in lateinischer Sprache hinzugefügt. Darüber hinaus befinden sich in der Kirche zahlreiche Grabdenkmäler, insbesondere das der Stifterfamilie.

Die verbleibenden sechs Kilometer zurück nach Nittenau sind schnell hinter uns gebracht. Nach Tiefenbach benutzen wir den Oberpfalzwanderweg (gelb-weiße Markierung) und kommen so bequem zum Parkplatz zurück.

Ausgeruht und ohne einer Spur von Erschöpfung endet unsere Rundreise. Für den Kunst- und Kulturfreund ist sie eine einzigartige Tour.

Kloster Walderbach

TOUR

NR.: 8

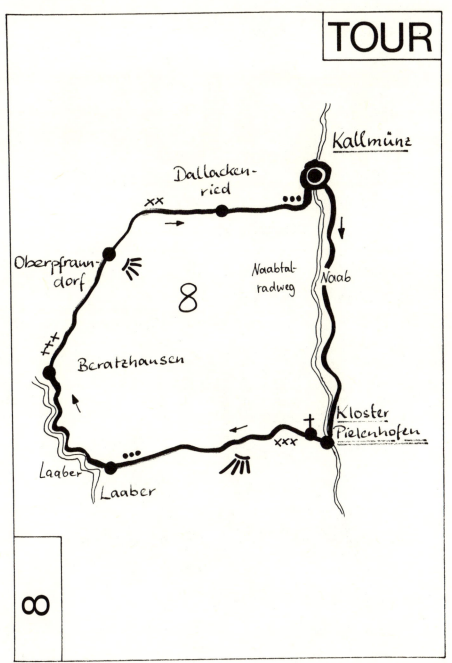

Tour Nr. 8

Ausgangspunkt: Kallmünz

Tourenlänge: 50 km

Streckentelegramm: Kallmünz-Pielenhofen-Laaber-Oberpfraundorf-Kallmünz

Schwierigkeiten: schwere Anstiege- 2
mittlere Anstiege - 1

Tourenbeschreibung:

Hoch über der Einmündung der Vils in die Naab steht eine mächtige Burgruine: das Wahrzeichen von Kallmünz. Auf dem Schloßberg befinden sich die Überreste der einst größten Wallanlage der Oberpfalz. Die hochmittelalterliche Burg beschränkt sich auf die südliche Spitze der vorgeschichtlichen Befestigung.

Wir beginnen am Naabtalradweg die Reise. Der richtige Einstieg für eine Familienrunde. Naab abwärts laufen die Räder ohne große Kraftanstrengung. Genießen wir das Naabtal. Nur leise Geräusche der rollenden Räder auf dem sandigen Untergrund umspielen so manche Träumerei. Beruhigend wirkt so eine Fahrt, ohne lästigen Autolärm und hektisches Verkehrstreiben.

In Pielenhofen unterbrechen wir die Tour und legen beim Kloster eine Rast ein. Eindrucksvoll erheben sich die Mauern am Naabufer empor. Die dreigeschossigen Doppeltürme sind weit ins Tal hinein sichtbar. Wir überqueren die Naab und fahren in den Klosterhof ein.

Die klar gegliederte Außenfront des Hauptportals des Klosters Pielenhofen wird von den beiden mächtigen Türmen eingerahmt. Die ehemalige Klosterkirche ist „Unserer Lieben Frau" geweiht.

1240 unterstellte Bischof Siegfried aus dem nahegelegenen Regensburg den Zisterzienserinnen die Kirche in Pielenhofen.

Etwa 300 Jahre später, im Jahre 1559, wurde diese Klosterniederlassung aufgelöst. Zur Zeit der Reformation kam das Kloster Pielenhofen unter weltliche Verwaltung. 1702 wurde mit dem Bau der spätbarocken Klosteranlage begonnen. 1803 wurde Pielenhofen wie die anderen Klöster säkularisiert. Ab dem Jahre 1806 wurde es von den Karmeliterinnen betreut. Seit 1838 wird das Kloster von Salesianerinnen betrieben. Ab 1981 werden die Schul- und Internatsräume von den Jüngsten der Regensburger Domspatzen als Ausbildungsstätte benutzt.

Beim Betreten des Kirchenraumes ist man erstaunt über die sachliche Gliederung. Beim längeren Verweilen und Betrachten zeichnen sich viele kunstvolle Einzelheiten ab.

Der wuchtige barocke Hochaltar aus rotem Stuckmarmor ist zentraler Mittelpunkt. Links und rechts davon steht das spätbarocke Chorgestühl. Beachte die aufwendigen Schnitzarbeiten.

Beeindruckend sind die reiche Stuckverzierung und die Deckenmalereien. Die Deckengemälde wurden vom Konstanzer Maler Carl Stauder ausgeführt. Sie sind harmonisch in die reichlich verzierten Stuckdekorationen eingebunden.

Das Gnadenbild im rechten Seitenschiff zeigt den weinenden Heiland. Dieses kleine Ölgemälde kam 1806 durch Karmeliterinnen nach Pielenhofen. Um weitere Einzelheiten über die Baugeschichte und Bedeutung des Klosters zu erfahren, sollte man den aufliegenden Kirchenführer erwerben.

Nun konzentrieren wir uns auf die Weiterfahrt, es liegen noch etwa 35 km vor uns. Ein kräftezehrender Anstieg bringt uns weg vom Naabtal. In westlicher Richtung fahren wir Laaber entgegen.

Hier angekommen, sollte man eine kleine Rast einplanen. Der Marktflecken besitzt einige versteckte Sehenswürdigkeiten. Etwas lebendiger verlaufen die folgenden zwei Kilometer. Achtung, jetzt aufgepaßt. Unmittelbar nach der „Endorfer Mühle" zweigen wir rechts ab und setzen unsere Fahrt direkt am Flußufer der Laaber auf einem Wald- und Forstweg fort. Linderhof, Gleislmühle und Friesenmühle sind malerische Zwischenstationen auf dem romantischen Streckenabschnitt. Genieße die Einsamkeit im schattigen Tal. Bei Beratzhausen hat uns der Verkehrslärm wieder eingeholt.

Halten wir uns nach der Wegweisung „Zehentberg" und strampeln den zehnprozentigen Anstieg empor. Alle weiteren Ortschaften sind jetzt deutlich sichtbar ausgeschildert. Bergauf, bergab rollen die Räder vorbei an

Oberpfraundorf und Dallackenried dem Ziel entgegen. Zum Schluß führt ein zwei Kilometer langer, steiler Berg hinab ins Naabtal. Links ab fahren wir weiter, nur noch wenige Meter trennen uns vom Ausgangspunkt. Der Blick auf die mächtige Burganlage und auf das imposante Ortsbild von Kallmünz läßt das Ende unserer Radtour erahnen.

Das Befahren zweier unterschiedlicher Flußtäler machen den Ausflug zum besonderen Erlebnis. Wir konnten hier paradiesische Landschaften hautnah erfahren.

Weitere Bücher aus dem Verlag Stangl+Taubald:

Birner, Oberpfälzer Burgen mit dem Rad entdecken
Romantische Radtouren für Jedermann

Birner, Die schönsten Radtouren in der Oberpfalz
Ein Radwanderführer durch einzigartige Landschaften

Siegert, 30.000 Tote mahnen!, Die Geschichte des Konzentrationslagers Flossenbürg

Stangl, Weiden i. d. Oberpfalz, Ein Stadtführer

Herrmann, „...und bleibt´s schön brav!", Nikolaus- und Faschingspredigten

Herrmann, „...und die Moral von der Geschicht´!?" Neue Nikolaus- und Faschingspredigten

Reihe „Oberpfälzer Raritäten":

Band 1 Brenner-Schäffer, Geschichte der Stadt Weiden, Nachdruck von 1853

Band 2 Oberpfälzische Volksmedizin, Volkssitten und Volksaberglauben, Nachdruck von 1861

Band 3 Vierling, Erinnerungen aus der Oberpfalz, Nachdruck von 1878

Band 4 Oberpfälzer Eisenbahn, Wegbereiter für Wirtschaft und Wohlstand

Band 5 Dantl, Vom Schullehrling zum Schulmeister, Geschichte der Lehrerbildung im 19. Jahrhundert

Band 6 Wolfsteiner, Die Pest in der Oberpfalz, Geschichte und Verlauf

Band 7 Ernst, Heilzauber und Aberglaube in der Oberpfalz, Das Sauernloher Brauchbuch

Band 8 Thieser, Gattenmord und Galgenstrick, Kriminalfälle in der Oberpfalz 1519-1522